이것은 선禪이 아니다

이것은 선禪이 아니다

자갈과 모래의 정원

레너드 코렌 지음
박정훈 옮김

북노마드

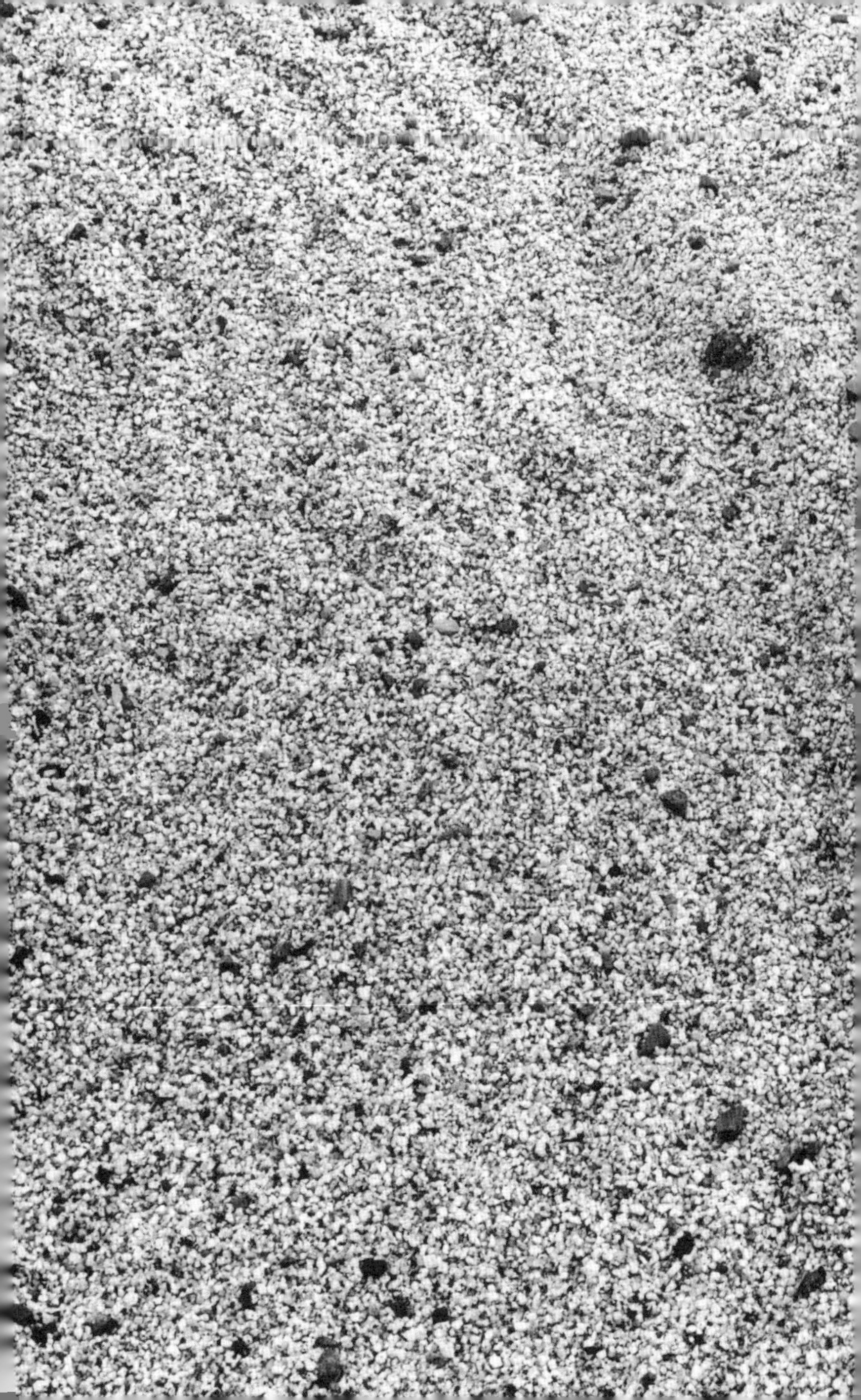

5-7쪽 다이토쿠지^{大德寺} 탑두 사원^{塔頭寺院}, 대사찰을

둘러싼 부속 사찰인 코린인^{興臨院} 앞마당의

작은 가레산스이.

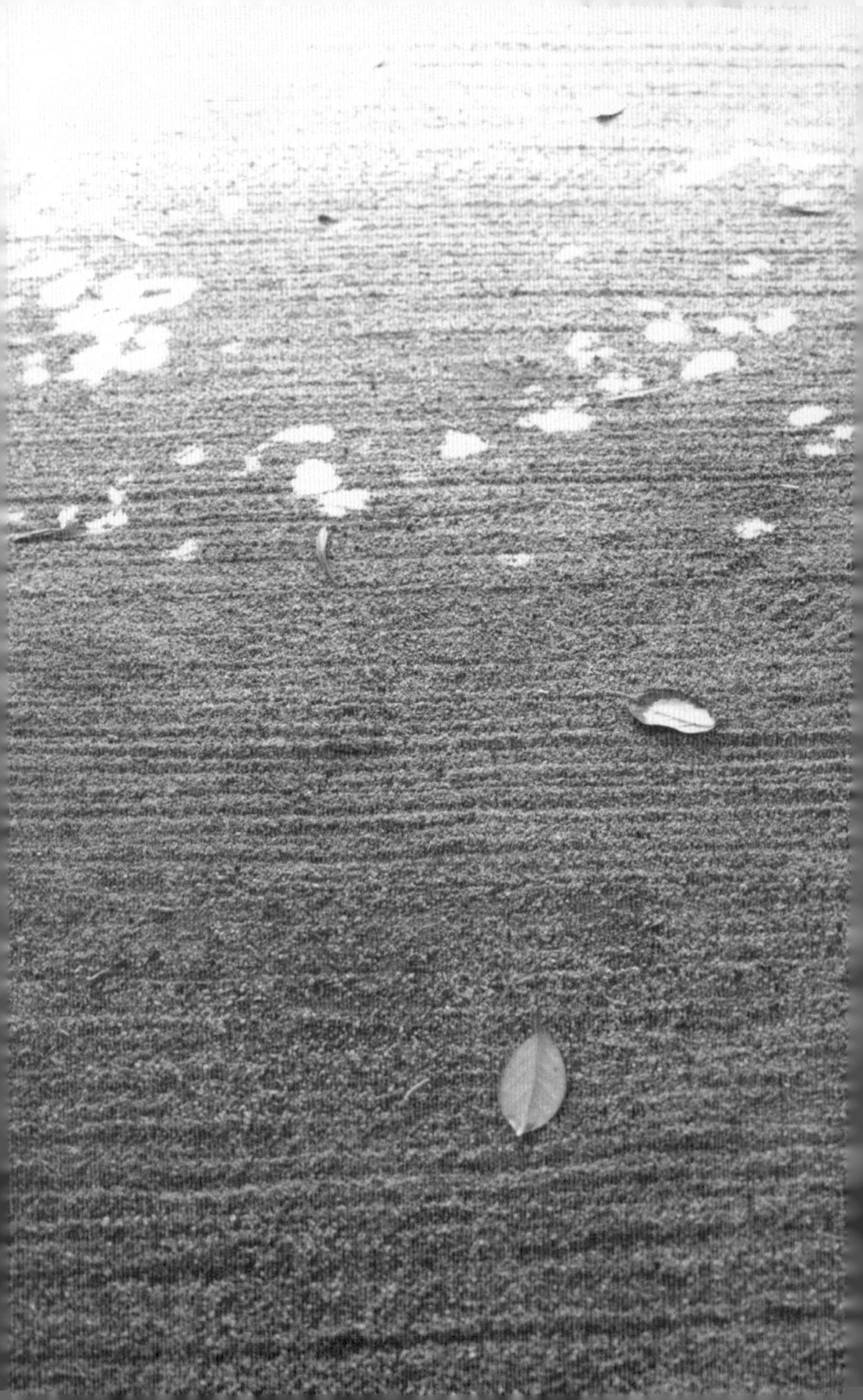

10-11쪽 일본에서 처음으로 개인이 조성한 정원
중 하나인 시센도詩仙堂의 모래(시센도는
은퇴한 무사가 1641년에 세웠다. 지금은
선종계 종파인 조동종曹洞宗이 소유하고 있다).
이곳에서는 매일 모래를 비질하지만
희미하고 섬세한 비의 자국은 그대로
남겨둔다. 관리인에 따르면 갈퀴질,
비질, 재구성은 '필요할 때'만 한다.
필요할 때란 폭우나 폭풍이 지나간 뒤
자갈이나 모래가 눈에 띌 정도로 거칠
때를 말한다.

차례

16-21쪽 지은이를 위해 고유의 쇠갈퀴질 기술을
선보이고 있는 다이센인^{大仙院}의 주지승.
갈퀴질을 위해 신은 짚신 샌들을
주목하라(그 밑에 깔린 낱낱의 자갈 덩이를
볼 수 있다). 또한 안식각^{安息角, 흙, 모래 등의}
덩어리가 자연스럽게 형성한 경사면과 수평면의 최대

^{각도}으로 쌓여 새 주지나 천황 같은
귀빈이 방문할 때 길을 까는 용도로
쓰이는 두 개의 의전용 자갈 원뿔도
발견할 수 있다.

묘신지^{妙心寺} 방장 정원^{方丈庭園}의 자갈

두 더미. 다이센인의 자갈 원뿔과

같은 용도다. 자갈을 깐 이후로 오랜

시간이 지나서 작은 식물들이 올라오고

군데군데 맨땅이 드러나 정원 전체를

흰 자갈로 덮을 예정이라고 한다.

한동안 방치된 아름다운 정원 앞에서

방문객들은 꼼꼼히 관리하지 않는

이곳의 체계가 어쩌면 의도적이라는

인상을 받을 수도 있다.[1]

바위는 없다 No rocks

이 책에 실린 자갈과 모래의 다양한 배치와 정돈을

보여주는 사진은 모두 1999년 5월 한 달 동안

일본 교토에서 촬영했다.[2] 사진 중 다수는 선종禪宗,

교설教說보다는 참선과 수행으로 깨달음을 얻고자 하는 불교의 한 종파.

'선불교'와 같은 뜻이다. 사찰이나 사찰의 관리를 받는 옛

무사 저택에 위치한 '마른 정원枯山水, 가레산스이'의

모습을 담고 있다.[3] 그 밖의 사진들은 다른 종단의

사찰이나 신사神社에서 촬영한 것이다. 그러나 특정

장소를 시각적으로 묘사하려는 의도로 촬영한

사진은 전혀 없다. 마치 아무데서나 발견할 수 있는

흔한 풍경처럼, 장소에 특수성을 부여하지 않은

것은 '자갈과 모래의 정원'이라는 우리의 주제에
주의를 기울이기 위해서다.[4]

　자갈이나 모래 가까이에 있는 나무와 관목을
사진에 넣지 않은 것은 계절에 상관없이 언제든지
자갈과 모래를 촬영할 수 있음을 의미한다. 식물은
저절로[自] 그렇게[然] 생장하는 활발한 기운을
표상한다.[5] 이와 대조적으로 자갈과 모래로 정원을
조성하는 것은 자연이 자신의 의지대로 무심히
운행하도록 그저 두지 않는 인위[人爲]를 상징한다.
마른 정원을 잘 관리하기 위해서는 규칙적인 정화,
제초, 갈퀴질, 재구성 같은 자연의 성향과 상반되는

꾸준한 유위(有爲)가 필요하다.[6]

마지막으로, 촬영에서 배제하는 게 거의 불가능함에도 불구하고 바위를 사진에 담지 않았다. 일반적으로 바위는 일본식 정원에서 '유명인사'로 불린다. 눈에 띄는 어디에나 있기 때문이다. 바위는 특별히 보살핌을 받으며, 어떤 경우에는 이름이 붙기도 한다. '일본식 바위 정원'이라는 예찬이 이를 방증한다.[7] 하지만 바위를 애지중지하는 마음은 사람들로 하여금 '낮게' 깔린 자갈과 모래를 제대로 보지 못하게 만들었다. 그 결과, 바위는 '조각상'으로 지위가 격상되었고

자갈과 모래는 단순히 바위의 배경으로만 취급받게 되었다.[8]

이렇듯 부차적이면서도 상반되는 시각적·개념적 요소를 가차없이 축소시킬 때 우리가 잃어버리는 것은 무엇일까. 우리는 '이상적인 일본 정원'이라는 뻔한 이미지를 내버려야 한다. '심오한 감식안'이나 '독특한 감수성' 혹은 정원의 설계와 조성에 따른 고도로 특화된 기술에 무게를 두어야 한다는 강박도 포기하자. 사실상 자갈과 모래에 관심을 기울인 적이 없는, 짧게 잡아도 1500년 되는 중국과 일본의 정원 역사도 잊는 게

좋겠다.[9]

    반면 자갈과 모래에만 관심을 두면 우리는
인간의 지성이 열정적이면서도 지속적으로
활동하고 있다는 확실한 증거를 확보할 수 있다.
시각 시Visual poetry[10]의 비범하고 그윽하며 기묘한
감각을 연마할 수 있다. 오로지 자갈과 모래로
관심을 좁히면 존엄한 장소나 무성한 식물과
기암괴석이 있는 곳에서는 결코 찾을 수 없는,
역설의 관점을 부각시키는 단순한 수단을 얻게
된다.

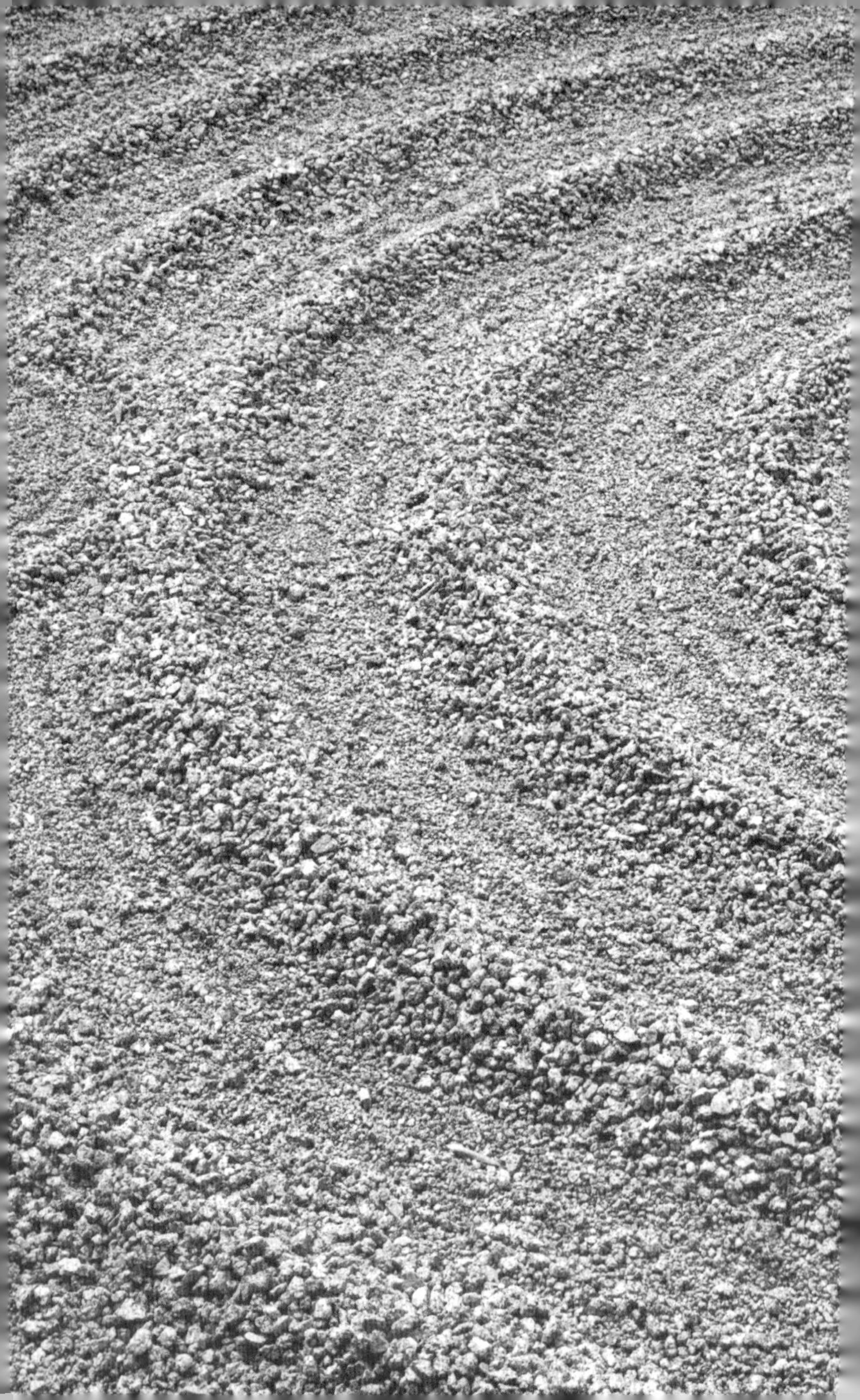

34-37쪽 다이토쿠지 탑두 사원인 즈이호인瑞峯院.
다양한 크기의 거친 표면의 자갈로
이루어진 깊은 고랑은 격렬한 물살
느낌을 주려고 만들어졌다. 제2차
세계대전 이전에는 볼 수 없었던 매우
표현주의적인 방식이다. 즈이호인은
시게모리 미레이重森三玲. 1896-1975가
1961년에 만들었다. 일본 전통 문화의
다양한 분야에서 뛰어난 업적을 남긴
시게모리는 100곳 이상의 정원을
설계했으며, 다도 형식을 실험하고 현대

아방가르드 스타일의 꽃꽂이生け花, 이케바나
이론을 확립했다.『다실과 정원茶室と庭』
『일본화도미술전집日本花道美術全集』의
저자이기도 하다.

42-47쪽　　　완벽하게 다듬어진 만슈인曼殊院. 마른

이끼와 진흙이 정교하게 갈퀴질한 자갈

더미와 접해 있다. 다른 가레산스이처럼

정원의 한 면을 따라 길게 놓인

툇마루에서만 관람할 수 있다.

선禪이 아니다 Not Zen

무엇을 조성하든지 자갈이나 모래를 사용하려는

외고집에 이끌리는 건 시시포스의 부조리한

노력처럼 보인다. 자갈과 모래, 우리는 두 가지

재료가 지닌 특성을 생각할 때마다 임시성, 일회성,

불안정성을 떠올리게 된다. 자갈, 특히 모래를

이용해 의도적으로 작업하는 것은 신랄하게

말하자면 한갓되고 허무한 시도라고 할 수 있다.

그럼에도 불구하고 자갈과 모래는 기초

재료다. 자갈과 모래는 가장 풍부하고, 휴먼

스케일Human scale, 인간의 몸을 기준으로 하여 정한 공간 또는 척도에

기반한, 어디서든지 쉽게 구할 수 있는 '원료'다.

하지만 이런 특성으로 인해 자갈이나 모래로
무언가를 짓는 것은 고대 이집트나 중앙아메리카의
피라미드 같은 기념비적인 건축물처럼 '까다로운'
작업으로 여겨지지 않는 것도 사실이다.

　　일반적으로 막대한 양의 재료, 노동력, 독창적
기술을 동원하면 중요하고 의미 있는 구조물로
인정받는다. 대조적으로 자갈과 모래로 만든
것들은 어떻게 만들어졌는지 확연히 알 수 있다.
현실에서 자갈과 모래를 둘러싼 신비함과 경외감이
없어서일까. 찰나의 것, 불확정적인 것의 의의나
의미를 궁구하는 이들에게도 자갈과 모래는 관심

밖에 있다. 비록 모래와 자갈의 정원이 물리적으로 약할지라도, 자연과 인간의 변덕스러운 기질에 맞서 정원을 보존하려는 인간의 의지라는 관점으로 보자면 자갈과 모래로 만들어진 정원이 지극히 강하다는 사실은 이미 증명된 셈이다.[11]

자갈이나 모래가 불후의 유산을 만드는 데 사용되었더라면 매우 기이한 일이 되었을지도 모른다. 또한 자갈과 모래의 정원이 새롭고도 동시에 오래된 것들의 존재론적 범주에 속하지 않았더라면 역시 마찬가지였을 테다. 여러 번 갈퀴질하고, 다시 형태를 만드는 과정은 자갈과

모래의 정원을 새롭게 한다. 하지만 이 새로움은

이전의 것과 전혀 다르지 않다.[12] 새로운 잉크와

종이로 단어 하나하나, 사진 한 장 한 장을 다시

인쇄한다고 해도 이 책은 본질적으로 동일하듯

말이다. 갈퀴질을 새로이 하고, 형태를 달리해서

조성하는 지속적인 개작改作, 거친 땅이나 버려둔 땅을

일구어 논밭이나 쓸모 있는 땅으로 만듦이 없다면 자갈과

모래의 정원은 바람, 비, 지진, 중력, 이끼, 잡초,

낙엽 또는 인간의 도발적 행동으로 인해 틀림없이

자기정체성을 잃을 것이다. 그리고 그 순간,

본질적인 변화를 겪어 해지고 결국 사라질 것이다.

선[禪]의 핵심 원리를 담은 가레산스이의 추상적인 시각 구성과 극도의 단순함, 그리고 물[水]을 표현하기 위해 오히려 물질적으로 상반되는 재료를 사용한 모순. 혹자는 이러한 역설에 혼란을 느낄지도 모른다.[13]

실제로 대다수의 가레산스이는 성역과도 같은 선종 사찰의 마당에 있으며 사찰의 관리를 받는다. 하지만 자갈과 모래의 (혹은 바위를 포함한) 정원, 그리고 선 사이의 직접적인 종교 및 철학과의 연관성을 뒷받침하는 역사적 증거는 희박하다.[14]

실상 '선의 정원'이라는 해석은 영어로 쓰인 책

『교토 정원 100년One Hundred Kyoto Gardens』(1935)에서
처음 등장했다.[15] 제2차 세계대전이 끝나고
1950년대에 와서야 가레산스이라는 개념과 선의
표현으로서의 정원 환경이 일본어로 다루어졌다.
그리고 이 개념은 주로 료안지龍安寺 정원에
적용되었다.[16]

　　만약 자갈과 모래의 정원에 '선'이 있다면
그것은 정원을 설계하고 조성한 사람들과는
관계없다. 정원은 수묵화, 궁도弓道, 다도 등
선과 연관된 '기예技藝'처럼 신비로운 혜안이나
자연스러운 행위로 빚어진 결과가 아니다. 정원을

완성하려면 오랜 기간 동안 계획하고 공사해야
한다. 그 과정에 '섬광 같은 깨달음'은 없었을
것이며, 정원이 깨달음을 위한 계기가 되지도
않았을 것이다.[17] 실제로 대다수의 마른 정원은 선
수행자가 설계하거나 조성하지 않았다. 그저 하층
계급에 속한 정원사나 조경사에 의해 만들어졌다.
정원에 '선적인' 혹은 '영적인' 의미는 없었다.[18]

59-65쪽 만슈인 근처 작은 신사의 모래 정원.

전통 일본지[和紙]가 매달린 나뭇가지를

꽂은 원뿔을 주목하자. 나뭇가지는

신령을 부르는 안테나 역할을 한다.

아마도 예술 Possibly art

사진에 등장하는 가레산스이를 집의 뒤뜰 같은
사적 공간에 그대로 만들 수 있다면 굳이 교토까지
그것들을 보러 가야 하는지 궁금해할 독자가
있을지도 모르겠다. 물론 자신의 개인 공간에 이미
자갈과 모래로 된 정원을 조성한 사람들도 있다.
로스앤젤레스에 있는 일식당에 갔던 어린 시절
기억이 있다. 그 식당 바깥의 작은 마당은 갈퀴질한
모래로 장식되어 있었고, 그 위에 몇 개의 바위가
여기저기 놓여 있었다. 이와 비슷한 디자인의
정원 사진을 캘리포니아 남부의 요양 시설에
비치된 패션 잡지에서 본 적도 있다.[19] 이런 사례는 생각보다 많다.

　세상 어딘가에 유지 관리 상태는 물론
디자인의 뉘앙스까지 똑같은, 그래서 교토에 있는
오리지널과 전혀 다르지 않은 모조품이 (있을
것 같진 않지만) 있다고 가정해보자. 오리지널과
모조품의 차이를 만드는 중요한 방식은 배경, 다시
말해 환경이다. 슈퍼마켓 알림판에 꽂힌 압정은
미술관 벽의 압정과는 완전히 다른 의미를 갖는다.
경험이 발생하는 범위에 속한 환경은 특정한
경험에 큰 영향을 끼친다.

　교토에 있는 가레산스이의 환경은 복잡하고

다양하며 일관성 있다. 교토에 머문 적이 있는
독자라면 몇 차례나 자신의 가까이에 색다르고
섬세하고 예술적인 사물이 있었음을 기억할 것이다.
다이센인의 쇼인書院 정원16-21쪽 사진을 방문하면
다음의 안내문을 순서대로 마주치게 된다.

1. 교토는 역사적인 무대가 된 세련되고 섬세한
   자연 환경, 아름다운 장소, 그리고 아름다운
   것으로 가득한 슬로 시티Slow city입니다.
2. 사찰 단지 주변의 경내는 고유한 완충
   구역입니다. 사찰 주변에는 방문객 및 지역

주민의 편의를 위한 상점, 식당, 기타 상업

시설이 밀집되어 있습니다.

3. 다이토쿠지 단지의 중앙 출입구는 속세 및

세상 번뇌와의 단절을 의미합니다. 다이센인은

다이토쿠지 경내 여러 탑두 사원 중

하나입니다.[20]

4. 다이토쿠지 경내를 지나 다이센인으로 가는

길은 구불구불한 자갈길입니다.

5. 다이센인 입구에서 신발을 벗고 들어가면

가레산스이가 나옵니다.

6. 짙은 색의 나무 바닥을 걸어 캄캄한 실내를

통해 밖으로 나가면 빛으로 가득한 정원과

너른 하늘을 볼 수 있는 툇마루가 있습니다.

7.   간간이 새가 지저귀는 소리, 목탁이나 종과

어우러진 염불 소리를 들을 수 있습니다.[21]

오리지널과 모조품은 그것들이 제각기 발생한

방식에서 중대한 차이를 보인다. 오리지널은 정원

이론과 시각 표현에 관계된 역사적·시사적 지식이

내재화된 이들이 만든 것이다. 그들은 역사성을

품고 있으면서도 당대의 미적·문화적 모체母體와

일치하는 공간을 만드는 데 몰두했다. 그에 비해

모조품은 아무래도 창조적이고 문화적인 토대가
훨씬 약하다. 그것은 즐비하게 늘어선 라스베이거스
호텔들의 입구에 놓인 에펠탑 모형이나 축소된
산마르코 광장과 다를 바 없는 인스턴트식
도용일 뿐이다. 모조품은 가레산스이의 인상적인
면을 빌려와 오리지널과 관계없는 최신 유행을
가미한다.[22]

    그렇다고 이 책에 등장하는 모든 자갈과
모래의 정원이 장소 특정적Site-specific 예술
작품이라는 뜻은 아니다. 정원은 주술을 실행하는
데 필요한 준비 구역이다.[23] 어느 작은 마을의

신사神社에서 발견한, 나뭇가지가 위에 드리워진 원뿔형 모래 더미는 '신령神靈'을 불러 모으는 주술적 장치다.[24] 62-65쪽 사진 이것은 예술이 아니다.[25] 이것과 비슷하게 생긴 16-25쪽의 원뿔과 그 주변 역시 예술이 아니다. 그것은 고위 관리가 방문할 때 의전을 위해 통로 바닥에 깔려고 준비해둔, 그저 순수한 자갈 더미일 뿐이다.[26]

그러나 82-83쪽과 92-93쪽의 꼭대기가 평평한 2미터 높이의 원뿔은 아마도 예술 작품일 것이다.[27] 설득력 있는 역사 해석에 따르면, 이 원뿔은 후지산 같은 화산을 상징하기 위해 만들어졌다.[28] 이 원뿔에 대한 지금까지의 모든 해석에 의하면 예술 작품은 작품 이상의 가치를 표상하므로, 모래 원뿔 역시 그 이상의 의미를 표상한다.[29]

이 원뿔은 20세기 후반 미술관이 공인한 미니멀리즘 구성 작품, 즉 최소한의 재료로 최소한의 결과를 만든 예술처럼 보이기도 한다. 그리하여 이 원뿔들, 그리고 책에 등장하는 대부분의 자갈과 모래의 정원들은 현대 미술과 매우 닮아 보인다. 현대 미술이 여러 방식을 통해 이러한 것들로부터 영감을 얻었기에 당연해 보인다.

이제 가레산스이는 엄연히 원초적인 물질로

만들어진 환원주의적還元主義的, 다양한 현상을 기본적인 원리나

요인으로 설명하려는 태도나 경향인 구조물을 정통적으로

계승하는 출발점에 있다. 하지만 자갈과 모래의

정원이 처음 생겨났을 때에는 오늘날 우리가

이해하는 '예술'이라는 한자 개념어는 일본에

존재하지 않았다.[30]

78-79쪽 긴카쿠지銀閣寺 참도参道, 진입로에 있는

장식적으로 갈퀴질한 모래. 현재 이곳을

관장하는 주지는 갈퀴질을 자주, 다르게

하여 모래를 다루는 새로운 방식을

선보이고 있다.[31]

82-83쪽 긴카쿠지의 초기 모래 정원은 18세기에
만들어졌다. 앞마당의 모래 연단은 '은빛
모래 여울^{銀沙灘, 긴샤단}'이라고 불린다.
뒤로 보이는 모래 원뿔은 일본에 있는
성스러운 화산 산이나 마루에 비친
달빛을 표상한 것이다. 단순히 아름다운
모래 더미로 보아도 무방하다.

86-89쪽   긴카쿠지 긴샤단의 세부 사진. 모래를
         더미로 쌓아 머리 부분을 평평하게 한
         뒤 갈퀴질했다.

92-93쪽 2미터 높이의 모래 원뿔을 확대한 사진.
날마다 나무 주걱으로 형태를 새롭게
만든다. 오래된 소묘나 사진을 통해
수년에 걸쳐 규모가 커지고 형태가
변화했음을 확인할 수 있다.

메타 정원 Meta-gardens

일본식 전통 정원을 설계하는 신중한 성품의
디자이너 데이비드 슬로슨David A. Slawson은 정원의
의미는 감각 효과와 아름다움에 있다고 말한다.[32]
즉, 설명하는 것보다 체험하는 것이 정원에 더
적합하다는 뜻이다. 이것은 이론적 지지 및
예술사적 맥락에의 편입이 현대 예술 작품을
인식하고 감상하는 데 필수 요건이 된 것과
정반대의 성격을 띤다.[33]

가레산스이는 예술과 정원이라는 영역에
깃든 의식 안에서 경험되거나, 종교와 일본
역사를 조명하여 면밀히 검토할 수 있다. 하지만

가레산스이와 관련된 신뢰할 수 있는 중요한
논의나 견고한 (비수정주의의) 역사적 정보는 너무
적다. 이런 이유로 정원으로서의 가레산스이를 직접
경험하는 것이 지적 불만족을 최소화하는 가장
좋은 방법이다.[34]

분명 자갈과 모래의 정원은 생물로 구성된
정원과 같다고 볼 수는 없다. 하지만 이 정원들이
더 작고 더 이상화된 규모이더라도, 자연을
초월해 형이상학적 만족을 주는 방식으로 자연의
여러 요소를 사용하려는 욕구에서 비롯되었음
역시 사실이다. 심히 철학적으로 표현한다면

가레산스이는 '메타 정원'의 하나라 여겨도 좋을
것이다.

여기에서 '메타Meta'는 '너머Beyond'라는 의미로
사용된다.[35] 메타 정원은 개념적으로 궁극적인
개선을 거친 특정 유형의 정원을 상징한다. 좀 더
일상적인 수준에서 볼 때 자갈과 모래의 정원과
비교할 수 있는 것은 식물의 '잎살葉肉'이 제거되고
뼈대가 드러나 골자만 남은 겨울의 정원이다.
그러나 겨울의 정원을 어떻게 묘사하든지 관계없이
자갈과 모래의 정원은 다음과 같은 이유로 초목이
자라는 정원과는 다르다.

- 식물에 대한 정형화된 이미지나 관심의 유무는 가레산스이에 필요하지 않다.

- 가레산스이에서 계절의 변화는 미미하다. 따라서 계절의 생명력을 증명하는 정원의 은유, 즉 성장, 죽음, 재생을 분명히 보여주는 방식과도 관계없다. 당연히 다음 계절에 무엇이, 어떻게 심기고 자라나고 채워질지 꿈꾸고 생각하고 기대하는 일도 없다.

- 가레산스이를 가꾸며 폭넓게 쌓은 경험에서 얻은 기술은 유용성과 관계없다.

- 가레산스이에는 '자연의 본本'을 따르려 하거나

'자연' 경관처럼 보이도록 만드는 것, 그리고

'자연 운행'처럼 설정하려는 가식 행위가 없다.

- 가레산스이에는 자갈이나 모래가 아닌 것,

흔히 잡초 같은 요소는 불필요하다.

102-111쪽 정토진종淨土眞宗의 호넨인法然院에 있는
두 개의 모래 더미 중 하나. 다른 곳에
있던 사찰이 이곳으로 이전했을 때 모래
더미는 다섯 개가 있었는데, 지금은 두
개만 남았다. 두 모래 더미는 1608년
이후로 별다른 변화가 없이 놓여 있다.
나무판자와 갈퀴는 형태를 새로이 하고
머리 부분에 물의 흐름을 나타내는
무늬를 새길 때 주로 사용된다. 머리
부분 무늬를 그리는 데 두 시간 정도가
걸리며, 작업자의 직관에 따라 작업한다.

114-117쪽 호넌인의 또 다른 모래 더미. 이따금

모래에 물을 뿌린다. 모래 더미는 절대

허물어지지 않는다. 바짝 마른 모래

더미에 물을 뿌려 축이고 떨어진 모래를

가볍게 붙이면 다시 원래 모양으로

잡힌다.

주석

1 방장方丈은 사찰을 주관하는 승려 혹은 그가

거처하는 곳을 뜻한다. 방장 정원은 보통

방장의 남쪽 안마당에 위치한다. 가레산스이의

일반 형식을 방장 정원이라 부르기도 한다.

– 옮긴이

2 이 책의 사진에 나온 모든 자갈과 모래는

교토 동부의 화강암 산에서 온 것이다. '하얀

강'이라는 뜻의 시라카와白川는 이 산에서

흘러나오는 본류로, 다양한 크기의 화강암

성분, 즉 흰색의 장석, 회색의 석영, 검은색의 운모를 실어 나른다. 자갈과 모래는 미색에서 중회색에 이르는 다양한 색조를 띤다. 정원에 사용할 수 있는 화강암 파편의 크기는 지름 2밀리미터에서 2센티미터 정도다. 비과학적인 언어로는 자갈이 모래가 되는 결정적인 지점을 표현하지 못한다. 낱낱의 자갈 덩어리가 2미터 떨어진 곳에서 눈으로 구별되는 반면, 의도적으로 모래 알갱이는 알알이 보이지 않게 했다.

— 교토 동부의 화강암 산은 히가시야마東山를 지칭한다. – 옮긴이

3 일본 정원이나 일본화日本畵의 양식에서 가레산스이는 문자 그대로 '마른 산수'를 뜻한다. 이 정원에서 암석은 섬, 산 등의 큰 지형을 표상하고, 자갈과 모래는 그 주위의 강, 바다 같은 물을 표상한다. 꽃이 열리지 않는 나무와 가지 친 키 작은 상록수도 가레산스이에 포함된다. 데이비드 슬로슨의

『일본 정원 예술의 비밀스러운 가르침Secret
Teachings in the Art of Japanese Gardens』(1987)에서 인용한
일본 예술 역사가 요시나가 요시노부吉永義信의
언급처럼, 가레산스이는 물의 가장 핵심적인
본질을 물을 사용하지 않고 오히려 더
심오하게 표상한다.

— 동아시아 문화권에서 '산수'는 단순히
산과 물을 뜻하는 데서 그치지 않고 자연
그 자체를 지칭하는 경우가 많다. 일본
정원에서 산수는 축소되고 정제되고 편집된

자연, 즉 정원 그 자체를 가리킨다. 따라서
가레산스이는 물을 사용하지 않은 정원 또는
자연이라는 의미다. ‐ 옮긴이

4　이 책에서 정의한 것처럼 가레산스이는 주로
큰 정원에 속한 일부 구역이다. 하지만 이
책에서 자갈과 모래 이외의 정원의 요소를
생략한 것은 단순히 수사학, 변증법, 해석을
위한 장치가 아니다. 어떤 정원은 자갈이나
모래가 분리된 구역에 있을 때 그 진가가

제대로 발휘되기도 한다. 이러한 범주에 맞아떨어지는 사례가 바로 다이센인[16-21쪽 사진], 긴카쿠지[82-93쪽 사진], 도후쿠지東福寺 경내의 카이잔도開山堂, [179-187쪽 사진] 정원이다.

5   이 책에서의 '자연'이란 인간과 무관한 세계의 운행을 뜻한다.

6   "고승의 처소 앞에 펼쳐져 있는 하얀 사각형의

돌로 꾸민 정원은 사람의 의지를 상징적으로

보여준다. 이 하얀 돌로 꾸민 정원은 자연

그대로의 상태로는 유지할 수 없다. 자연의

풍화에 맡기지 않은 인위적인 행동으로

제어를 되풀이하지 않으면 그 상태를 유지할

수 없다. 자연과 인위의 경쟁 또는 혼돈과

질서의 경쟁이 청소다. 그 청소의 결과로

나타나는 사람과 자연의 경계에 일본의

정원이 존재한다."(하라 켄야原研哉, 이정환 옮김,

『백白』, 안그라픽스, 2009) - 옮긴이

7   가레산스이의 영문 표기는 Japanese rock
garden 또는 Zen garden이다(이 책의 1장과
2장이 각각 일본 정원의 바위와 선을 다루고 있음을
살펴보자). 일본 정원에서 바위가 갖는 지위는
돌을 세운다는 표현인 '타테이시立石, 建石'가
곧 '정원을 만든다'는 뜻이라는 것에서 잘
드러난다. ─옮긴이

8   형태와 배경은 음양陰陽에 의해 결정된다.
음양은 상보 관계다. 어느 한쪽이 다른 쪽에

우위를 점하지 않고 반대도 마찬가지다.

— 서 있는 바위가 양이라면, 그 아래 낮게
흐르는 자갈과 모래는 음이다. 하지만
바위에도 음에 해당하는 것이 있고 양을
나타낸 것이 있다. 자갈과 모래도 마찬가지다.
음양에서 절대적으로 확고한 위치란 존재하지
않는다. - 옮긴이

9   가레산스이 양식의 정확한 기원은 역사적으로

분명하지 않다. 주로 터를 정화하는 제의祭儀를

지내며 궁정과 신사에 자갈이나 모래를

깔았다는 기록만 나와 있다. 가레산스이라는

용어는 11세기 초 일본 정원 문학에 처음

등장했다. 원래 이 용어는 큰 정원의 작은

구역을 지칭했는데, 16세기에 이르러

독립적으로 구별된 정원 형태가 되었다.

가레산스이는 부분적으로 중국 수묵화에서

영감을 받았다. 가레산스이는 수묵화의

3차원적 해석이다. 아울러 분재와 분석盆石의

영향도 받았다는 의견도 있다.

— 수묵화로부터 영향을 받은 요소는 여백의
정취, 즉 공^空의 형상화일 것이다. - 옮긴이

10 글, 이미지, 기호를 시각적으로 변환한 시를
말한다. 문맥상으로는 자갈과 모래의 정원
혹은 그것을 찍은 사진을 말한다. '예술
수도원Abbey of the Arts'의 온라인 수녀원장인
크리스틴 발터스 페인트너Christine Valters Paintner는

『마음, 사진을 찍다』(신혜정 옮김, 북노마드, 2014)라는 책에서 "시각 시란 일상적인 삶의 요소에 숨은, 우리의 예상 밑에 숨겨진 세계의 아름다움을 표현한 시"라고 정의했다. — 옮긴이

11 언젠가 교토의 정원에서 한 젊은 여성이 친구의 관심을 끌려고 슬그머니 맨발 뒤꿈치를 갓 갈퀴질이 된 모래에 깊숙이 넣는 것을 보았다. 교토의 가장 유명한 사찰에서는 10대 남학생들이 친구들을 쫓아가려고 경계선

안쪽에 물결지게 갈퀴질한 모래 정원을
달리는 모습도 보았다. 세심히 형태를 잡은
자갈과 모래의 구조물이 그것의 빈약한
질서를 훼손하도록 사람들을 부추기는 것만
같았다.

12 '누가' 갈퀴질을 새로 했는지 혹은 형태를 다시
잡았는지는 중요하지 않다. 오랜 시간에 걸친
일종의 공동 작업으로 많은 이들이 갈퀴질을
하고 형태를 만들었다(어느 이른 아침, 미숙한

나도 다이센인의 자갈을 갈퀴질한 적이 있다. 이것은

작업자 각각에게 훌륭한 솜씨가 동일하게 요구되지

않는다는 사실을 증명한다). 정확한 지침이나

표식은 없다. 각각의 작업자는 자신이 이해한

대로 디자인한다. 가레산스이는 시간의 흐름에

따라 서서히 몸부림치며 형태를 바꾸는

생명체 같다.

13 일반적으로 사찰과 옛 무사의 저택에 있는

    가레산스이의 자갈과 모래는 물을 표상하는

것으로 해석되었다. 그러나 신사에 있는

자갈과 모래의 구조물, 그리고 긴카쿠지

참도의 장식성 짙은 자갈과 모래는 그렇지

않다 78-79쪽 사진.

14   비베 코아이테르트 Wybe Kuitert 는 『일본 정원

예술의 주제, 풍경, 풍취 Themes, Scenes and Tastes in

the History of Japanese Garden Art 』(1988)라는 책에서

18세기-20세기 초 일본 정원 문학에서는

가레산스이를 선禪의 표현으로 바라보지

않았다고 적었다. 무사 저택의 정원처럼 사찰 정원 역시 '문화적 분위기를 고양시키려고' 만들었을 뿐이라는 것이다.

15 이 책의 저자인 로레인 쿡^{Loraine Kuck}은 미국인으로 1932년부터 1935년까지 교토에서 살았다. 선사상의 해석자이자 보급자로 유명한 스즈키 다이세츠^{鈴木大拙, 1870-1966}와 이웃하며 살기도 했다. 실제로 스즈키와 "선을 논했다"고 밝힌 적이 있다. 1934년 스즈키는

일본 조경술을 '선 정신'의 표현이라고
처음으로 기술했다. 스즈키에게 많은
영향을 준 친구이자 저명한 철학자 니시다
기타로西田幾多郎, 1870-1945는 선의 용어를 통해
'일본 정신'을 정의했다. 제2차 세계대전 이전
인종차별주의자들이 '일본 정신'을 국가주의로
빈번히 사용하는 것을 불길하게 여긴
기타로는 일본 정신은 곧 '선'이라는 생각을
보편화하려고 노력했다.

16 료안지 정원은 일본은 물론 인류 공통의 현대

문화에서 도상학적 영향이 강한 가레산스이로

꼽을 만하다. 330평방미터 면적의 료안지

정원은 1499년경에 설계되었다. 이 정원에는

와비사비한 느낌을 주는 벽면 뒤쪽의

갈퀴질한 자갈의 바다에 열다섯 개 바위가

얹혀 있어 확실히 예스럽고 전통적으로

보인다.

이 책에서는 눈에 잘 띄는 곳에 바위가 있고,

바위와 자갈 사이의 완충 지대에 이끼가 있는

일반적인 료안지 사진은 싣지 않았다(그것이

본래의 구성인지도 분명하지 않다). 료안지는
1930년대까지 세인의 관심을 받지 못했다.
1960년대 들어 일본 예술가들이 료안지의
'비범한 추상성'을 언급하면서 세상에
알려졌다. 오늘날 료안지는 해마다 70만 명
이상이 방문하는 중요 관광 명소가 되었다.
부산한 관광객을 태운 관광버스가 정원을
관람하는 본질적인 경험을 감소시킨다는
점에서 유감스럽기 짝이 없다.

— 비슷한 시기에 료안지는 서구의

예술가들에게도 영감의 원천이 되었다.

대표적인 예로 작곡가 존 케이지John Cage의

〈료안지Ryoanji〉를 들 수 있다. 흥미롭게도

케이지는 료안지에서 받은 정신적·정서적

인상을 창작의 동기로 삼았지만, 곡의 구성은

한국의 〈문묘제례악〉에서 왔음을 악보의

서문에 밝혔다. ─옮긴이

17 선종의 수행법 중 하나인 '돈오점수頓悟漸修',

    즉 단박에 얻는 깨달음과 점진적인 수행을

떠오르게 하는 대목이다. 저자가 이해하는

가레산스이는 영적이고 신비로운 돈오의

계기가 아니라 점수, 즉 시간이 축적되는

체험의 공간이다. 하지만 이 체험은 몸으로

정원을 일군 이들의 것으로, 경계선 밖에서

정원을 바라보는 이들의 것은 아니다.

가레산스이는 한국의 마당처럼 참여를 위한

공간이 아닌 오로지 관조를 위한 영역이다.

– 옮긴이

18   조경사, 공사 현장의 인부 들은 토지를

소유하지 못한 천민이었다. 그들은 시신을

옮기거나, 길을 다지거나, 흙을 만지는 등

'더러운' 일을 해야만 했다.

—   정원을 만드는 승려는 '이시타테소^{石立僧}'라고

따로 불렀다. ⁻옮긴이

19   샌디에이고 근처 에스콘디도^{Escondido}에 있는

골든 도어 스파에는 몇 개의 작은 정원과 대형

정원 하나가 있다. 홍보물에 소개된 것처럼 대형 정원은 약 150평방미터로, 모체로 삼은 료안지의 절반 정도 크기다.

20 고려 불화를 소장하고, 조선 통신사에게 숙소로 제공된 사찰로도 유명한 다이토쿠지에는 스물두 개의 탑두 사원과 두 개의 별원이 있다. 그중 류겐인龍源院, 즈이호인, 다이센인, 고토인高桐院은 연중 내내 개방되어 있다. - 옮긴이

21 이처럼 이 정원은 사찰 정중앙에 위치한 보석
    같은 존재다.

22 골든 도어 스파에는 마음을 차분하게 해주는
    명상 활동으로 일주일 단위의 '모래 갈퀴질
    수업'이 가끔씩 열린다. 모래나 자갈을
    갈퀴질하는 것은 마음을 풀어주는 명상임에도
    불구하고 교토의 선사禪寺에서는 이 행위를
    특별한 명상으로 여기지 않는다. 일본어로
    사무作務라 부르는, 즉 화장실 청소, 도랑 파기,

쓰레기 수거, 모래 갈퀴질 같은 허드렛일은
선 수행과 마찬가지로 자신을 돌아보는
좋은 계기가 된다. 하지만 일본 밖과 달리
교토에서는 모래 갈퀴질에 '영적인'이라는
낭만적인 어감을 불어넣지 않는다.

— 사무는 우리 불교의 '울력'에 해당한다.
사찰에서 승려와 대중이 함께하는 육체노동을
뜻한다. 예불, 참선과 더불어 중요한 수행
일과다.
청대淸代 화가 금농金農, 1687-1764의 작품

〈향림소탑도香林掃塔圖〉에 다음과 같은

화제畫題가 있다. "불문佛門에서는 물

뿌리고 비질하는 게 가장 중요한 일이어서

사미승부터 노승에 이르기까지 일찍 일어나

부지런히 하지 않은 자가 없네. 향림에 탑이

있어 쓸고 닦고 또 쓸고 닦으니 사리에서 큰

빛 발하네. 그 빛 탑에 있지 않고 손 안에

있네.佛門以灑掃爲第一執事自沙彌至老禿無不早起勤作也

香林有塔掃而洗洗而又掃舍利放大光明不在塔中而在手中矣"

– 옮긴이

23 유니와^{齋庭} 혹은 ^{齋場}라고 부른다. 몸과 마음을

깨끗이 하는^[齋] 뜰^[庭] 혹은 장소^[場]라는

뜻이다. - 옮긴이

24 나뭇가지가 꽂힌 모래 원뿔처럼

신령이 거주하는 장소를 신사 용어로

'요리시로^{依代}'라고 부른다. 안테나 같은 이

나뭇가지는 신령들을 부르는 데 쓰인다.

모래를 갈퀴질하고, 원뿔을 세우고, 그

꼭대기에 가지를 꽂는 사람들이 자신의

공력에 효험이 깃든다고 믿었음을 유추할 수
있다.

— 요리시로에 해당하는 것은 암석磐座, 이와쿠라,
연못神池, 가미이케, 나무神木, 신보쿠 등이 있다.
이런 이유로 나무는 사카키榊, さかき, 비쭈기나무를
사용한다. 사카키는 본래 신사 구역을
구별하는 용도로 심었는데, 사카坂는 경계,
키木는 나무를 뜻한다. - 옮긴이

25 존 케이지는 미적 경험을 불러일으키는 것은
무엇이든지 예술이라고 정의했다. 아쉽게도
우리는 이러한 정의를 잠시 덮어 두어야 한다.
이 책의 간략한 논의에서 다루기엔 예술의
정의는 너무 넓고 먼 쟁점이기 때문이다.

26 상징적으로 순수한 이 자갈은 신사의
자갈과 모래에서 발견할 수 있는 영묘한
순수함의 특성을 일찍이 지녔던 적이 있었을
것이다. 고고학자이자 정원 역사가인 나카

다카히로仲隆裕는 저자가 이 책을 위한
자료 조사로 진행했던 그레첸 미트워Gretchen
Mittwer와의 인터뷰에서 "자갈과 모래의
흰색은 실제로 정화 기능을 한다"고 말했다.
일식 레스토랑 외부에 입구를 정화하는
순백의 소금 원뿔이 설치된 이유도 여기에
있다. 일본의 역사서 『고사기古事記』(712년)와
『일본서기日本書紀』(720년)에 따르면 바닷모래,
소금, 바닷물은 순백과 영험한 정화성淨化性의
본질인 바다와의 관계를 나타낸다. 일본과
관계있는 고대의 다른 문화권에서도 모래가

정화의 물질로 사용되었음을 확인할 수
있다. 실제로 중국에 살던 조로아스터교[배화교]
신자들은 정화 의식에 모래를 사용했다.

27 긴카쿠지의 모래 원뿔을 '고게츠다이[向月台]'라고
부른다. 글자 그대로 달[月]을 향해 높이 돋운
단[壇]이라는 뜻이다. – 옮긴이

28 미첼 브링Mitchell Bring과 제시 웨이엠버그Jesse

Wayembergh는 『일본 정원, 디자인과 의미Japanese

Gardens: Design and Meaning 』(1981)라는 책에서 정원에

모래 원뿔이 추가된 것은 에도시대江戶時代,

1603-1867부터였다고 적고 있다. 그 당시 가장

대표적인 모티프는 후지산의 원뿔형이었다.

로레인 쿡은 『일본 정원의 세계: 중국의

기원으로부터 현대의 풍경화까지The World of

Japanese Garden: from Chinese Origins to Modern Landscape

Art』(1968)에서 다이센인16-21쪽 사진이나 묘신지의

방장 정원24-25쪽 사진에서처럼 원뿔은 미적

오브제로 발전하기 전까지는 고위 관료를
위해 길을 까는 용도의 모래 더미 혹은 달빛이
맺히는 모래 더미였을 뿐이라고 적고 있다.

— "주지가 바뀌어 신임 주지가 건물로
들어가려면 남쪽 정원을 반드시 지나가게
되어 있는데, 신임 주지에게 '이 장소를 정화해
두었습니다' 하는 뜻을 전하기 위해 흰 모래를
깔아두는 것입니다. 그리고 발자국 같은
흔적을 없애고, 새로 정화했음을 표시하기
위해 빗자루로 쓴 자국을 남겨둡니다."(마스노

슌묘^{升野俊明}, 이규원 옮김, 『공생의 디자인』,

안그라픽스, 2015) ― 옮긴이

29 이러한 해석은 모래 원뿔은 단지 모래

원뿔이라는 것을 받아들이지 않는 생각을

내포한다. 이와 유사한 방식으로 자주

인용되는 마르셀 뒤샹^{Marcel Duchamp}의 작품

〈샘〉은 기성품^{Ready-made}의 흰색 소변기이지만,

그저 흔한 소변기가 아니라 '예술이란

무엇인가, 예술이 아닌 것은 무엇인가'에 대해

발언한 작품으로 평가받는다. 물론 〈샘〉은
처음 전시되었던 그 시대에, 서구 미술사의
맥락으로 볼 때에만 그러한 의미를 갖는다.

30 1800년대 중반, 일본이 서구 문물을
받아들임과 동시에 서구의 예술 개념도
유입되었다. 역사에서 새로운 시기에는 이전
시대에 만들어진 것을 통해 새로운 것들을
보게 하지만, 즉 새로운 인지론이 자신을
드러내는 것 같지만, 일본 정원에 깃든 모든

은유와 전례(典例)는 우리가 쉽게 다가갈 수

있는 것이 아니다. 중국의 수묵화(주9)나

물을 상징한 자갈이나 모래(주3)처럼 우리가

활용할 수 있는 역사적인 근거를 가진 소수의

전거(典據, 말이나 문장의 근거가 되는 문헌상의 출처)는

지속적인 향유로 삼기엔 너무 제한적이고

감상적이며 지극히 상투적이다.

― 서구에서 현대적 의미의 '예술'은 18세기

중반에 성립되었다. 메이지 시대 초기에

교육자로 활동한 니시 아마네(西周)가 서구의

예술 개념을 한자어로 옮겼다. 그 전까지
동아시아 문화권에서 예술이란 아름다움을
구현하는 기술이 아니라 인격도야의 수단을
의미했다. - 옮긴이

31 매일 새벽 조금씩 다듬고, 한 달에 한 번
대규모로 보수한다. - 옮긴이

32 데이비드 슬로슨은 교토의 '정원 장인' 밑에서
2년간 도제로 지낸 정원 디자이너이자 교사다.
열 개의 일본식 공공 정원과 스무 개의 개인
정원을 설계했다. 주 3에서 언급한 『일본 정원
예술의 비밀스러운 가르침』을 썼다.

33 거의 모든 현대 미술관의 도록은 작품, 작품
소장자 및 소장처, 참고문헌, 작품과 관련
있는 기사 및 저서 등을 통해 작가의 이전
작품은 물론 평가가 진행 중인 작품에 대한

비평적 맥락을 제공한다. 그 도록이 어떻게 작동하는지 살펴보라. 관람자들이 새로운 작품을 마주할 때 규범적인 선입견으로부터 자유로운 경우는 거의 없다.

34 자갈과 모래의 정원은 예술과 정원 가꾸기 사이, 그 '비존재'의 영역에 걸쳐 있다. 즉, 지적으로 예술보다 못하지 않으며 전형적인 정원술庭園術보다는 더 지성적이다.

35 Metaphysics의 번역어가 형이상학形而上學인

것처럼 우리에게 접두사 메타Meta는

형이상이라는 초월의 의미가 강하다. 하지만

아리스토텔레스가 처음 이 단어를 사용했을

때는 자연학, 즉 물리학Physica을 다 거친

후[Meta] 들어가야 하는 학문이라는 의미였다.

이 책에 적용하자면 메타 정원은 일반 정원의

조성법, 즉 작정作庭의 정형화가 이루어진

이후에 등장했다는 의미를 갖는다. ﹣옮긴이

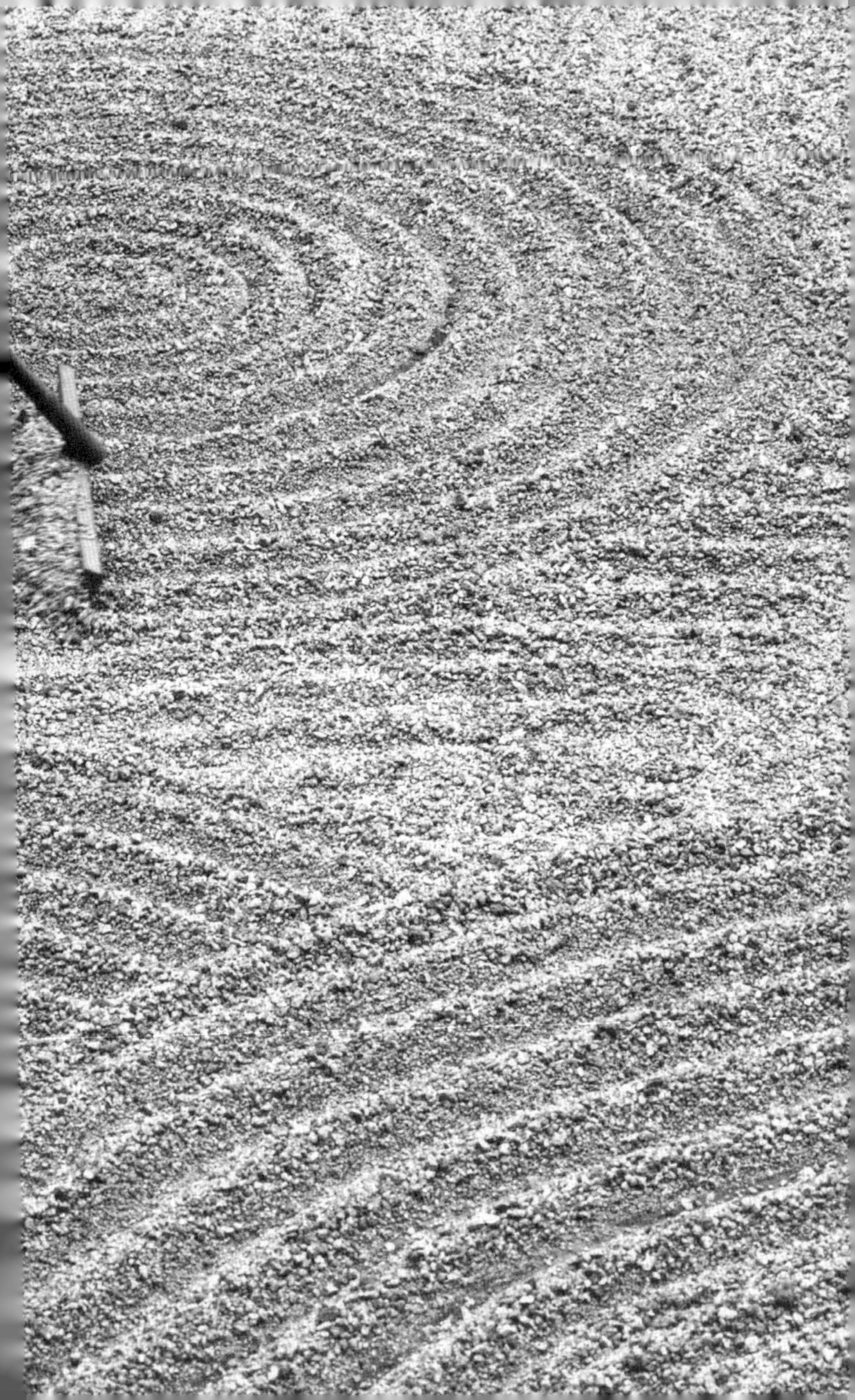

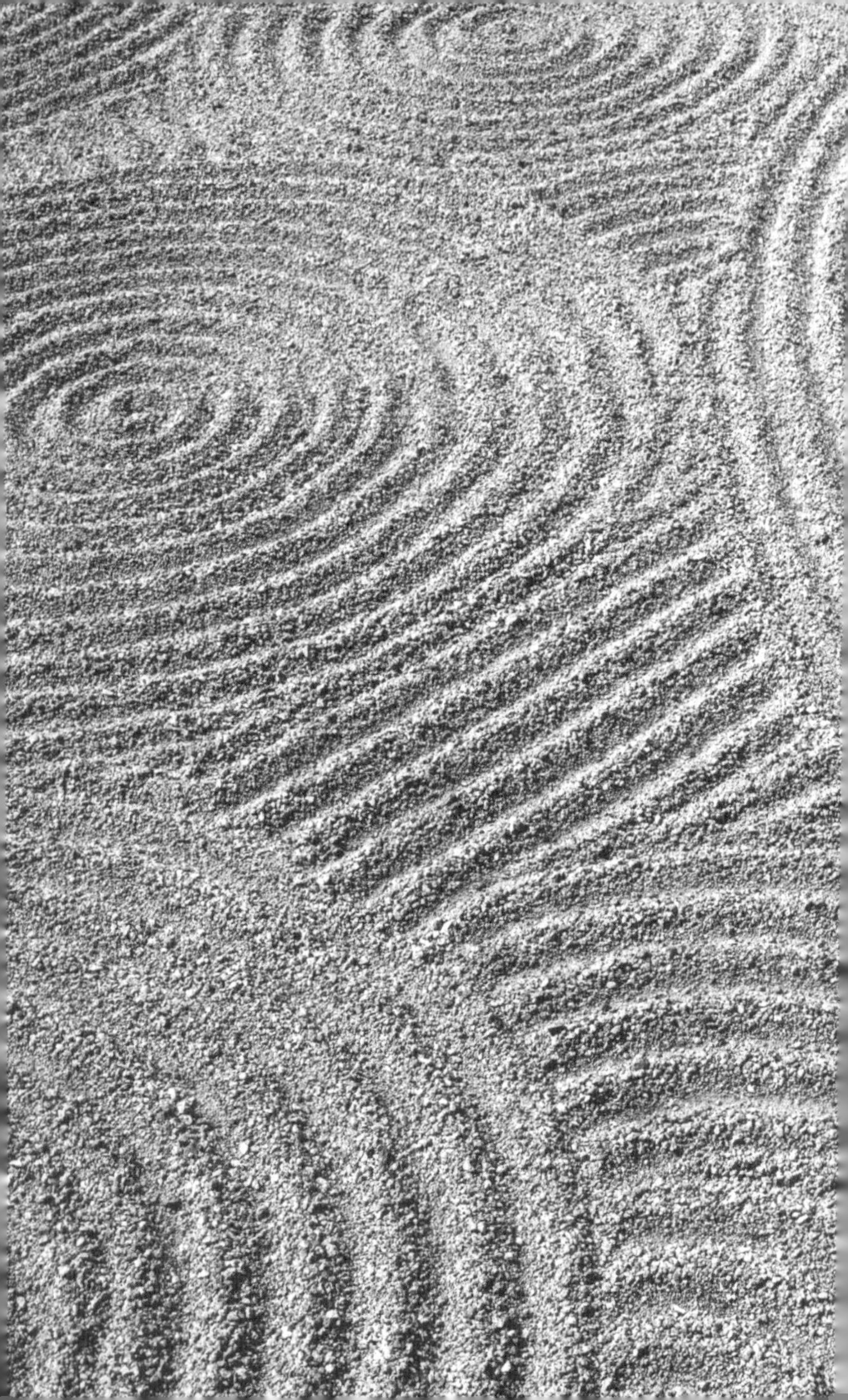

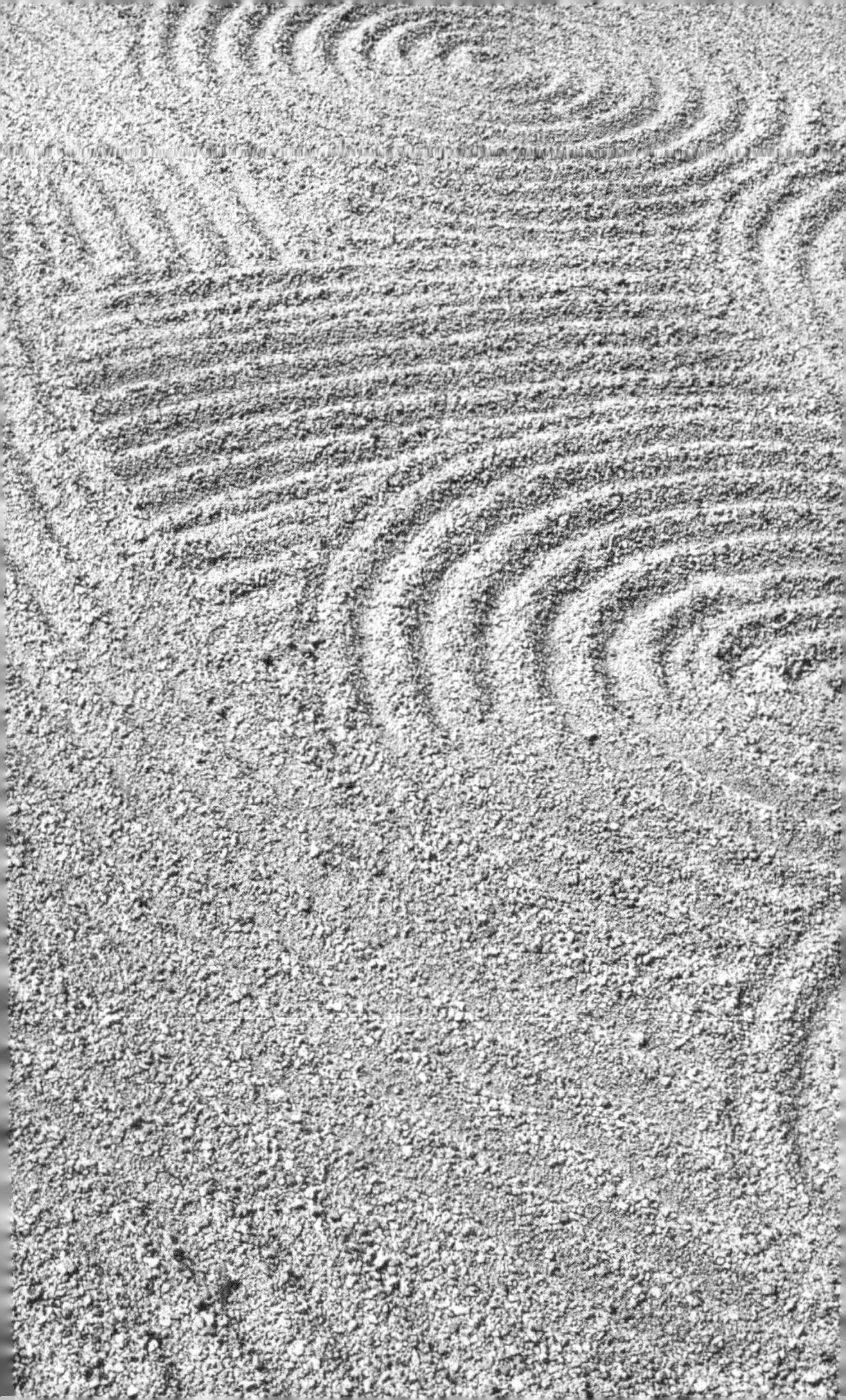

162-171쪽 도후쿠지 방장 정원의 너른 남쪽.

시게모리 미레이가 1939년에 설계한

네 개 정원 중 하나.

옮긴이의 말

『와비사비』에 이어 책을 통해 다시금 레너드 코렌 선생과 연을 맺는다. 단숨에 읽히지만 책을 덮은 후에도 두고두고 돋아나는 속 깊은 선생의 문장들. 이를 먼저 만나게 된 것도, 이를 홀로 누리는 데 그치지 않고 우리말로 나눠야겠다는, 누구도 부여한 적 없는 의무를 스스로 품은 것도 나의 행운이다.

선생의 문장을 제대로 옮기기 위해 수차례 교토에 있는 여러 사찰을 거닐었던 경험을 불러들이며 작업했다. 저자가 찍은 사진과 내가 촬영했던 사진,

지은이 주와 옮긴이 주에 등장한 여러 서적도
번역에 도움을 보태주었다. 특히 『사쿠테이키作庭記
– 일본 정원의 미학』(다치바나노 도시쓰나橘俊綱, 김승윤
옮김, 연암서가, 2012) 덕분에 일본의 정원 조성에
전통적으로 사용되어온 전문 용어를 손쉽게
확인할 수 있었다. 김승윤 선생께 지면으로나마
감사 인사를 전한다.

번역을 마치고 나니 교토의 마른 정원이 아닌,
눈 그친 어느 겨울날 계단을 오르고 올라 부석사
무량수전을 등지고 바라본 소백산 자락의

넘실거림이 못내 그리워졌다. 정원이란 자연을
정교하게 축소시켜 눈 아래 둔 것이 아니라 자연을
있는 그대로 마주보게 하는 하나의 통로라는
믿음을 갖게 해준 그 무위의 정원 말이다.

'자갈과 모래의 정원'이라는 책이 『이것은 선禪이
아니다 - 자갈과 모래의 정원』이라는 제목으로
한국어라는 새로운 둥지에 깃들게 된 건 출판사
북노마드의 은덕이다. 가레산스이 정원처럼
단정하고 무구한 책을 만들기 위해 애써주신
윤동희 대표와 신혜정 디자이너, 두 분에게

두 손을 모은다.

사람도 그러하듯이 사물 역시 있어야 할 곳에
있을 때 비로소 아름답다. 이 책이 진정으로
아름다워지기 위해 있어야 할 곳은 오로지 독자의
눈길이 닿는 곳이다.

2021년 첫 달
낙산 성곽마을에서

박정훈

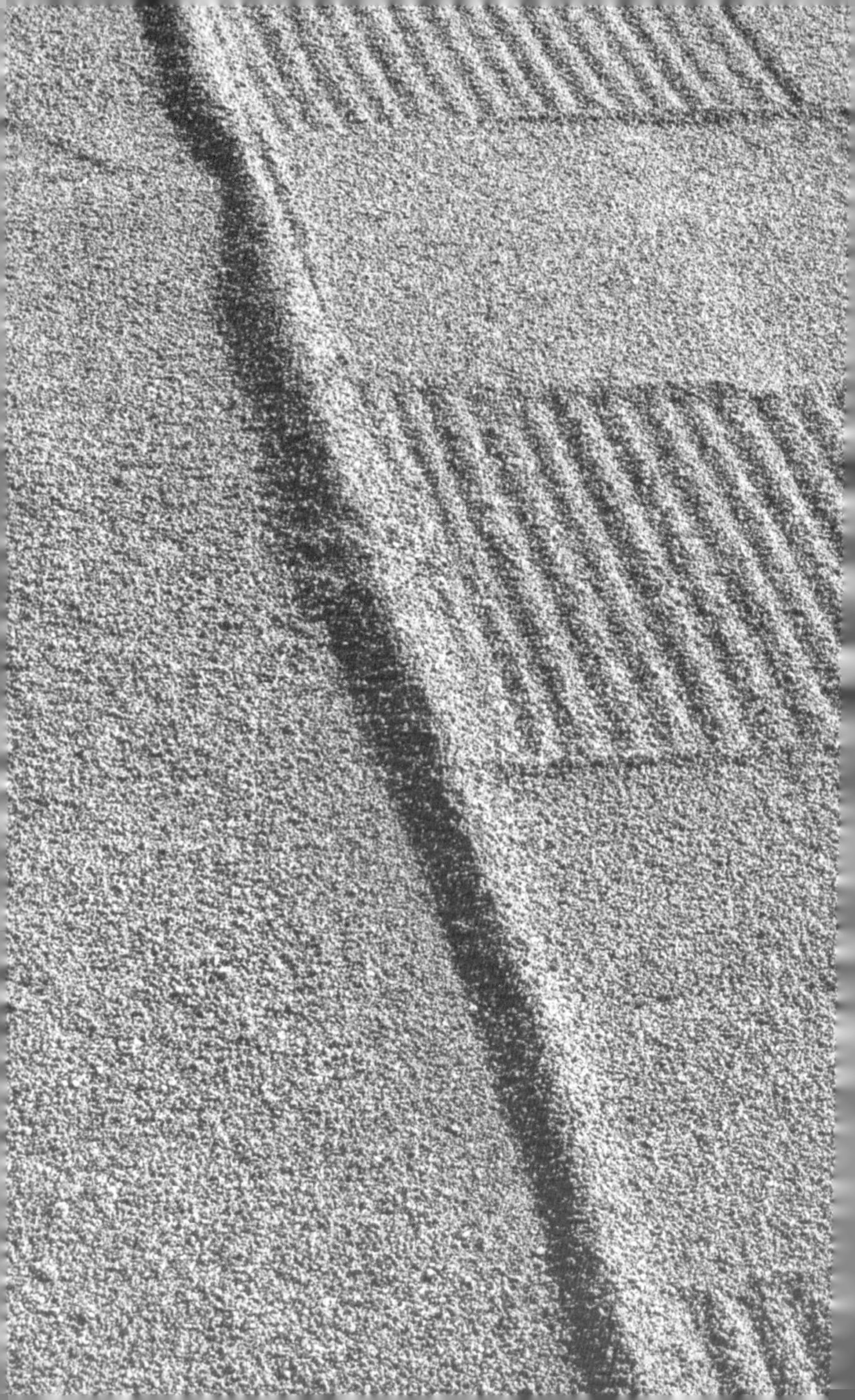

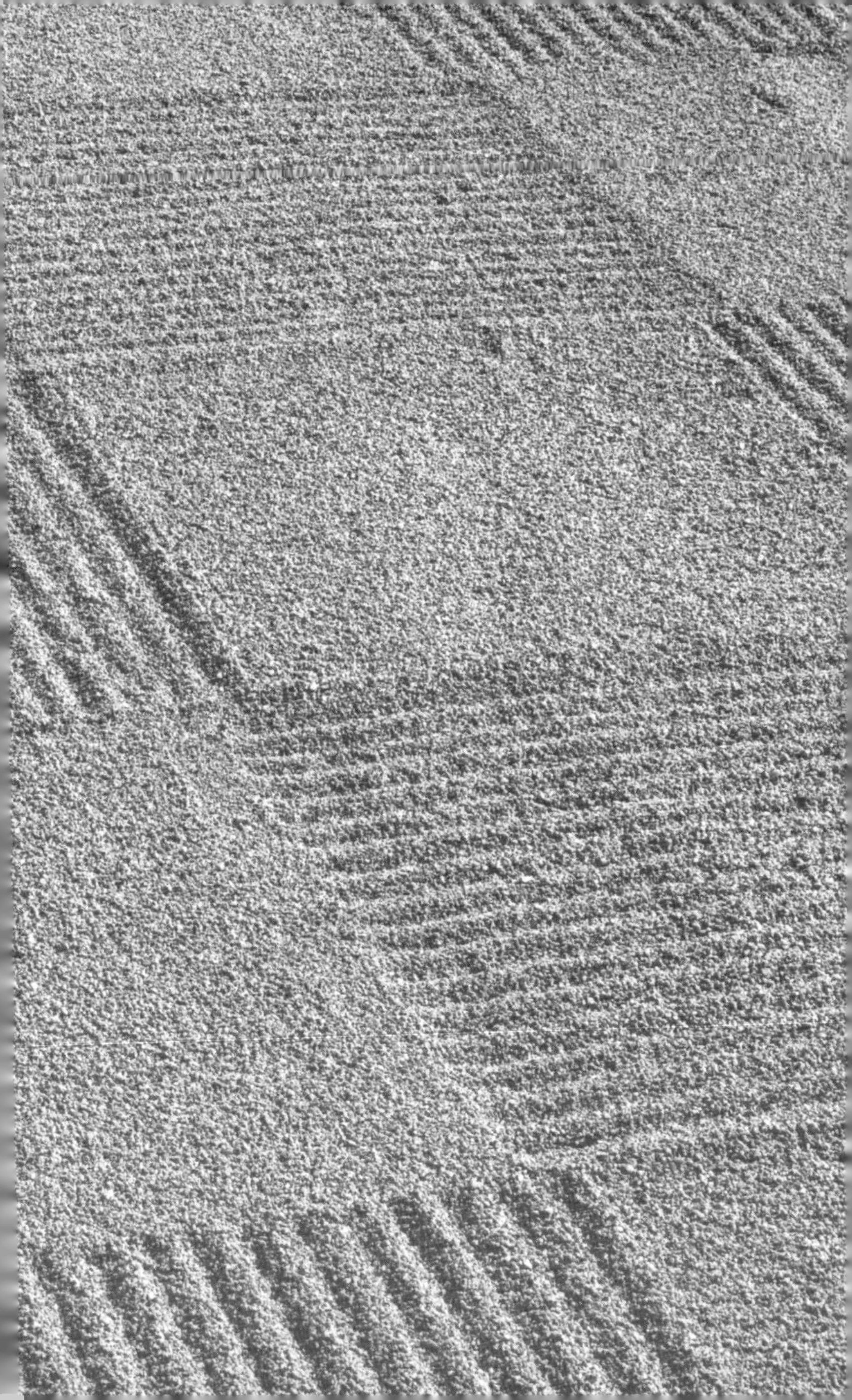

179-187쪽 도후쿠지의 카이잔도에는 보기 드문 격자 문양의 모래 정원이 있다. 수평 수직의 잔물결을 추상적으로 표상한 것이라는 해석과 논을 형상화한 것이라는 다른 견해가 있다.

189

이것은 선禪이 아니다

자갈과 모래의 정원

초판 1쇄 인쇄 2021년 3월 15일
초판 1쇄 발행 2021년 3월 22일

지은이 레너드 코렌
옮긴이 박정훈

펴낸이 윤동희

편집 윤동희 김민채
디자인 신혜정
제작처 교보피앤비

펴낸곳 (주)북노마드
출판등록 2011년 12월 28일 제406-2011-000152호

주소 08012 서울특별시 양천구 목동서로 280 1층 102호
전화 02-322-2905
팩스 02-326-2905
전자우편 booknomad@naver.com
인스타그램 @booknomadbooks

ISBN 979-11-86561-75-1 03150

www.booknomad.co.kr

북노마드